Joëlle Tourlonias,
Jahrgang 1985, entdeckte mit zwei den Stift, mit sieben den Pinsel und mit 26 dann endlich die Sache mit dem 3D!

für Emma

Tausend Dank an Volker (!), Jann, Svenja, Bodo und Mama!

Basierend auf Ideen und Figuren von Til Schweiger und Béla Jarzyk aus den Kinofilmen »Kokowääh«.
Text und Illustrationen: Joëlle Tourlonias

© Copyright: Warner Bros. Entertainment GmbH, Barefoot Films GmbH,
Béla Jarzyk Production GmbH
© Text und Illustrationen: Joëlle Tourlonias
© 2013 für die deutschsprachige Buchausgabe: Baumhaus Verlag
in der Bastei Lübbe GmbH und Co. KG, Köln.

Lektorat: Sigrid Vieth
Satz: Christina Krutz Design, Biebesheim am Rhein
Druck und Einband: Himmer AG, Augsburg

Printed in Germany
ISBN 978-3-8339-0196-6

5 4 3 2 1

www.baumhaus-verlag.de
www.luebbe.de
www.kokowääh.de

An dem Abend, als Papa Freunde eingeladen hatte, gab es mal wieder Coq au Vin.
Das war das Einzige, was er kochen konnte, und Magdalena hasste es.
»Das schmeckt nicht!«, rief sie, und: »Wein ist Gift für Kinder!«
Heimlich versuchte sie, ihren Teller unter dem Tisch verschwinden zu lassen.

»Jetzt reicht es mir aber!«, brüllte Papa. »Du gehst jetzt sofort in dein Zimmer und beruhigst dich! Und nimm Molly mit!«

Aber Magdalena wollte sich nicht beruhigen, ganz im Gegenteil!
Sie würde auf der Stelle mit Molly ausziehen, jawohl! Irgendwohin,
wo sie bestimmt nie wieder Kokowääh essen müsste!
»Nie wieder Kokowääh!«, rief Stefan, ihre Schildkröte.

»Haargenau das wollte ich auch gerade sagen!«, rief Stefan, ihre zweite Schildkröte.
»Lasst uns abhauen!«, brüllten Stefan und Stefan,
 ihre anderen beiden Schildkröten (es waren insgesamt vier).
 Ganz genau, dachte Magdalena und packte ihre Sachen.

»Was soll denn das werden?«, fragte da die Eselsmama.
»Wir ziehen aus, alle zusammen! Und ihr kommt mit!«,
rief Magdalena und packte die Eselsmama an den Ohren.
»Aber das geht nicht!«, sagte sie. »Unser Eselskind ist verschwunden ...«
»Und ohne unser Eselskind gehen wir nirgendwohin!«, rief der Eselspapa.

»Na großartig«, sagte ein Stefan.
»Das wollte ich auch gerade sagen«, sagte ein anderer Stefan.
Und die anderen beiden Schildkröten nickten.

»Dann müssen wir es eben suchen. Alle zusammen!«
Und Magdalena, Molly, die Eselseltern und die vier Stefans suchten das Eselskind
im Bett, unter dem Kissen, in der Tonne und in der Schatztruhe.
Aber das Eselskind war nirgends zu entdecken, es war einfach verschwunden.

Also suchten sie noch weiter: im großen Schrank, in den Schubladen, hinter den Büchern und zum Schluss in Magdalenas Höhle.

Doch auch in der Höhle konnten sie das Eselskind nicht finden.
Und als Magdalena wieder aus der Höhle herauskriechen wollte,
um weiter nach dem Eselskind zu suchen, rieb sie sich erstaunt die Augen.

Die Höhle befand sich nicht mehr in ihrem Zimmer, sondern mitten in einer **endlosen Schneelandschaft!**

»Achdujemine, wie sollen wir denn von hier jemals wieder nach Hause kommen? Und unser armes Eselskind ist mutterseelenallein und hat sicher furchtbar schreckliche Angst ...«, jammerte die Eselsmama und weinte große Krokodilstränen.

»So ein Quatsch. Seht doch, dahinten sind seine kleinen Fußspuren!«, rief Magdalena und kletterte auf Molly. »Nichts wie hinterher!«

»Na also, geht doch«, sagte ein Stefan.

»Auf ins Abenteuer!«, riefen die anderen drei.

Gemeinsam stapften sie durch den tiefen Schnee
bergauf und bergab und lange geradeaus, bis plötzlich
ein riesiger Eisbär vor ihnen auftauchte!

Und direkt vor seinen Füßen kauerte das kleine Eselskind.

»Wir müssen unser Eselskind retten, bevor es aufgefressen wird!«, riefen die Eselseltern. Blitzschnell schlüpfte Magdalena in den Kopf ihres Löwenkostüms und ritt mit wildem Gebrüll auf das riesige Ungeheuer zu.

Sie hatte überhaupt keine Angst, noch nicht einmal ein ganz kleines bisschen!

So eine gefährliche Bande hatte der große Eisbär noch nie gesehen!
Zu Tode erschrocken ließ er vom Eselskind ab und
rannte um sein Leben bergauf und bergab und
lange geradeaus, bis er nicht mehr zu sehen war.

»Unser liebes Eselskind!«, riefen die Eselseltern erleichtert. »Da bist du ja! Wir haben uns solche Sorgen gemacht!« Und die Eselsfamilie umarmte sich sehr glücklich und sehr sehr lange.
Als Magdalena die drei so zusammen sah, bekam sie ein bisschen einen Kloß im Hals, weil sie ihren Papa auch ein wenig vermisste. Aber nur heimlich.

Plötzlich wurde es sehr dunkel und kalt.
Ein großer Sturm kam auf und der Wind
rüttelte mit aller Kraft an der kleinen Höhle.
Weitere Abenteuer wollte niemand mehr so recht.

Magdalena, Molly, die Eselsfamilie und die vier Stefans kuschelten sich ängstlich aneinander und hielten sich gegenseitig warm. Da hörte Magdalena von ganz weit her eine Stimme leise ihren Namen rufen.

»Magdalena?«

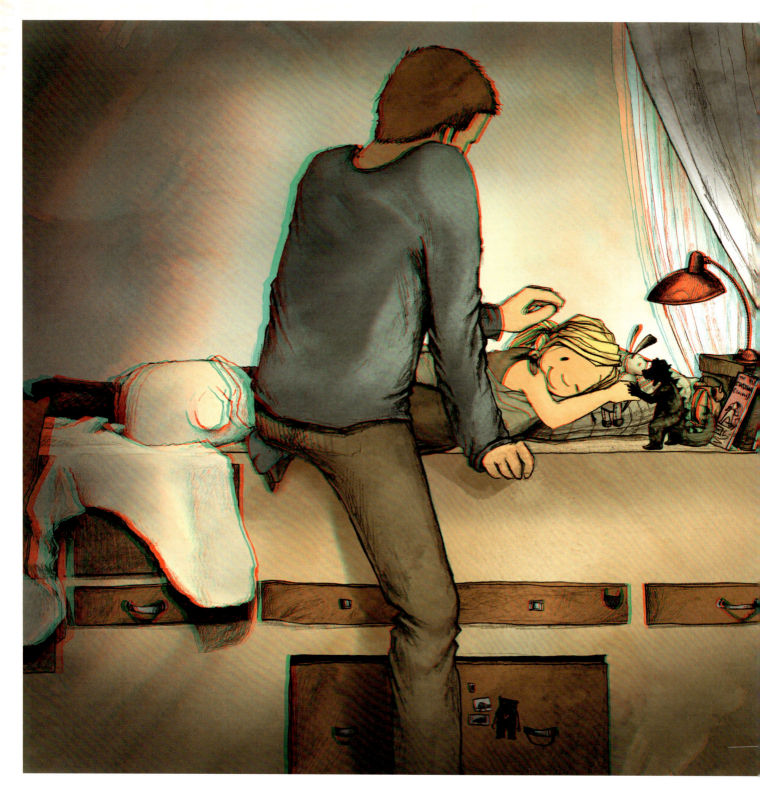

»Papa?«, murmelte Magdalena leise. »Es tut mir leid, dass ich dein Kokowääh Molly gegeben habe ... Hast du mich trotzdem noch lieb?«
»Aber natürlich habe ich dich noch lieb! Wir sind doch eine Familie, wir gehören für immer und den Rest unseres Lebens zusammen, ganz egal, was passiert oder was du anstellst! Und es tut mir leid, dass ich schon wieder Coq au Vin gekocht habe. Morgen gibt es Spaghetti, versprochen!« Er legte ihr das Eselskind in die Arme, deckte sie behutsam zu und drückte ihr einen Gutenachtkuss auf die Stirn.

Dann schlich er auf Zehenspitzen zur Tür. Als er sich noch einmal umdrehte, sah er, dass Magdalena schon tief und fest eingeschlafen war.